W0065163

DER

Dom zu Hildesheim.

Erster Theil

DER

ABBILDUNGEN,

BESTEHEND AUS 15 TAFELN.

Hildesheim 1840.

NEUEDITION

JOHANN MICHAEL KRÂTZ

DER DOM ZU HILDESHEIM, SEINE KOSTBARKEITEN, KUNSTSCHÄTZE UND SONSTIGE MERKWÜRDIKEITEN

NEUDRUCK DER BÄNDE 2 UND 3 VON 1840, ERSTDRUCK VON BAND 1: GESCHICHTE UND BESCHREIBUNG DES DOMES ZU HILDESHEIM

TAFELBAND

Editorischer Hinweis

Die Tafel 1 des ersten Bandes ist als Klapptafel in der hinteren Buchdecke eingesteckt.

Herausgeber: Dr. Bruno Gerstenberg
Redaktion: Sven Abromeit
Einleitung: Jochen Bepler
Umschlaggestaltung und Layout: Prof. Marion Lidolt
Gesamtherstellung: Verlag Gebrüder Gerstenberg GmbH & Co. KG, Hildesheim

1. Auflage 2013

ISBN 978-3-8067-8766-5

L. Ahlborn gez. A. Nüsser lith. Druck v. Wilh. Fenck lith. Anst. Hamburg.

Aeussere Ansicht des Domes zu Hildesheim, von der Südseite, im Jahre 1840.

I. Ahlborn gez. A. Nüsser lith. Druck v. Wilh. Fenck lith. Anst. Hamburg.

Oestliche Ansicht des Domes zu Hildesheim, vom Rittergange aus, mit den alten Münstergebäuden und der St. Annen-Capelle auf dem Friedhofe.

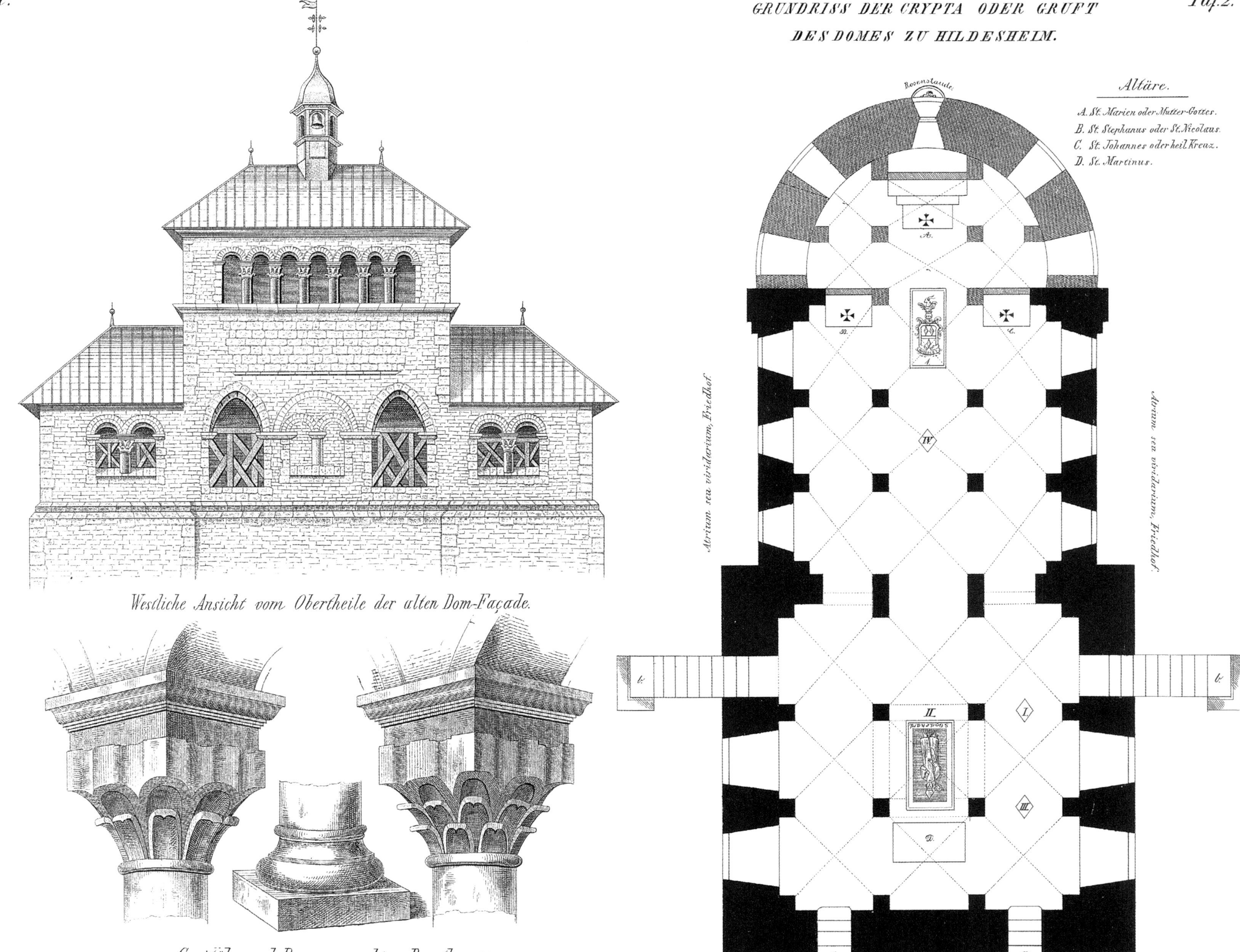

Westliche Ansicht vom Obertheile der alten Dom-Façade.

Capitäle und Basen am alten Domthurme.

Lith. u. Druck v. Jos. Kleesaat.

Durchschnitt des alten, im Jahre 1840 abgebrochenen Domthurmes.

Grabplatte
des heil. Bischofs Bernward.
† 1022.

Epitaph
des Domherrn Arnold Fridag.
† 1546.

Sargdeckel des Bischofs Bernhard.
† 1153.

Grabbild
des heil. Bischofs Bernward.
† 1022.

a

b

a.
Grabplatte
des
Bischofs Udo.
† 1114.

b.
Grabplatte
des
Weihbischofs
Adamus Adami.
† 1663.

Gerstenberg'sche Steindr. in Hildesheim. Wolff lith.

a.

a.

Grabplatte
des
Dompropstes
Diedrich
Franz Josef
von
Landsberg.
† 1727.

b.

Grabstein
der
Schonette
von Nassau,
Herzogin von
Braunschweig.
† 1436.

b

Steindr. d. Gebr. Gerstenberg, Hildesheim.

a.

b.

a.

Grabplatte
des Domvikar
Hermann
Berkenvelt.
† 1519.

b.

Grabstein
des Priesters
Bruno.
† um 1195.

a.

gez. u. lith. v. H. Wolff

a.

Grabplatte
des Bischofs
Otto I.
Herzogs von
Braunschweig.
† 1279.

b.

Grabplatte
des Bischofs
Siegfried II.
† 1310.

b

gez. v. Franz Wilh. Schlüter Secr.

lith. v. H. Wolff

Gerstenberg'sche Steindr. Hildesheim

Grabplatte des Bischofs Heinrich III., Herzogs von Braunschweig

† 1363.

a.

b.

a.

Dompropst Ekard v. Hanensee I. † 1405.

b.

Dompropst Ekhard v. Hanensee II. † 1460.

Taf. 10.

a.

a.

Grabplatte des Bischofs Magnus, Herzogs von Sachsen, † 1452.

b.

Grabplatte des Canonicus Ekhard von Hanensee. † 1494.

b.

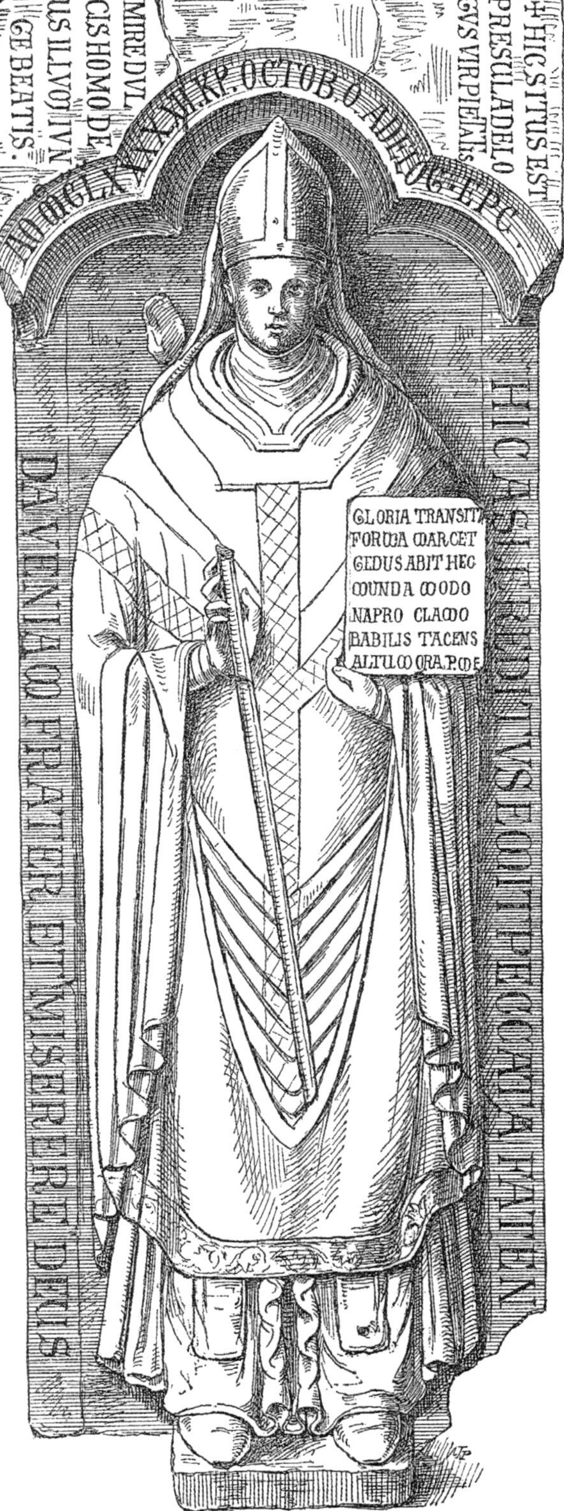

Grabplatte des Bischofs Adelog. † 1190.

D.M.S
V. ASSEBURG.
V. METTERNICH
V. DER LIPPE.
V. FÜRSTENBERG.
FRANCISCUS ARNOLDUS AB ASSEBURG
EX HINNENBURG ECCLESIARUM CATHEDRAL: PADERBOR
NENSIS PRAEPOSITUS ET SENIOR, HILDESIENSIS SCHOLASTI-
CUS, SENIOR ET IUBILARIUS, PRAEPOSITUS COLLEGIATAE
IN BUSDORFF CELSSIS: PRINCIPIS HILDESIENSIS CONSI-
LII INTIMI ET REGIMINIS PRAESES, PADERBORNEN
SIS CONSILIARIUS, NECNON EQUES IMMEDIATUS
CONVENTUS MEDII RHENANI
OBIIT HILDESII DIE XXI. IULII
L.B.D.B. INVENIT:
MDC MOHR
CXC. SCULP:
BECKER CAMPAN CONFLAVIT.

Bronce-Epitaph
des Domscholasters Franz Arnold von der Asseburg.
† 1790.

Grabstein des Domcantors Caspar von Dechau. † 1588.

a.

a.

Grabplatte
des Canonicus
Diedrich
von Alten.
† 1502.

b.

Grabplatte
des Dompropstes
Levin
von Veltheim.
† 1531.

b.

a.

b.

a.

Grabplatte
des Canonicus
Franz Anton
von Wissocque.
† 1665.

b.

Grabplatte
des Canonicus
Diedrich
von Kettler.
† 1668.

Gebr. Gerstenberg, Hildesheim

DER

Dom zu Hildesheim.

Zweiter und dritter Theil

DER

ABBILDUNGEN,

BESTEHEND AUS 13 TAFELN.

Hildesheim 1840.

H.L.

lith. Institut v. A. Lax.

Die aufeinander folgenden Siegel des Hildesheimischen Domstiftes mit dem ältesten Siegel der Alt-Stadt Hildesheim.

1.

Anno 1200 entstanden.
Zuerst gesehen an einer Urkunde des Klosters Derneburg, welche von Seiten des Bischofs und Capitels am 17 Januar 1213 ausgestellt ist. —

2.

Anno 12 50.
Zuerst bemerkt an einer Urkunde des St. Mauritius Stiftes vor Hildesheim.

4.

Dieses Siegelbild findet sich bis zur 2ten Hälfte des Jahres 1298 an den ältesten städtischen Urkunden. Ich fand daßelbe an einem Documente des Klosters St. Michael hieselbst.

3.

Anno 1300.
Zuerst gesehen an einer Urkunde des Klosters Neuwerck zu Goslar.

6.

Im Jahre 1650 hat der Domdechant das Siegelbild aufs neue stechen laßen, und dieses ist am 9ten Sept. d. J. zum erstenmale gebraucht. —

5.

Von diesem Siegelbilde lagen wir nicht allein mehre Abdrücke, sondern auch sogar das silberne Petschaft vor, welches auf der Rückseite folgende Inschrift zeigt:

· M · mc lxxx · Johannes · Therewin ·
Decanus : me : fieri : fecit : · :

Gez. u. lith. v. H. Lüders.

Lith. Institut v. A. Lax in Hildesheim.

Fig. 2. Fig. 2 a.

Fig. 1.

Fig. 1 a.

ET VIVENT NOMINA
EORVM IN ETERNVM

Fig. 1 b.

H. Lüders.

Dr K.

Lith. Institut v. A. Lax in Hildesheim.

Fig. 1.

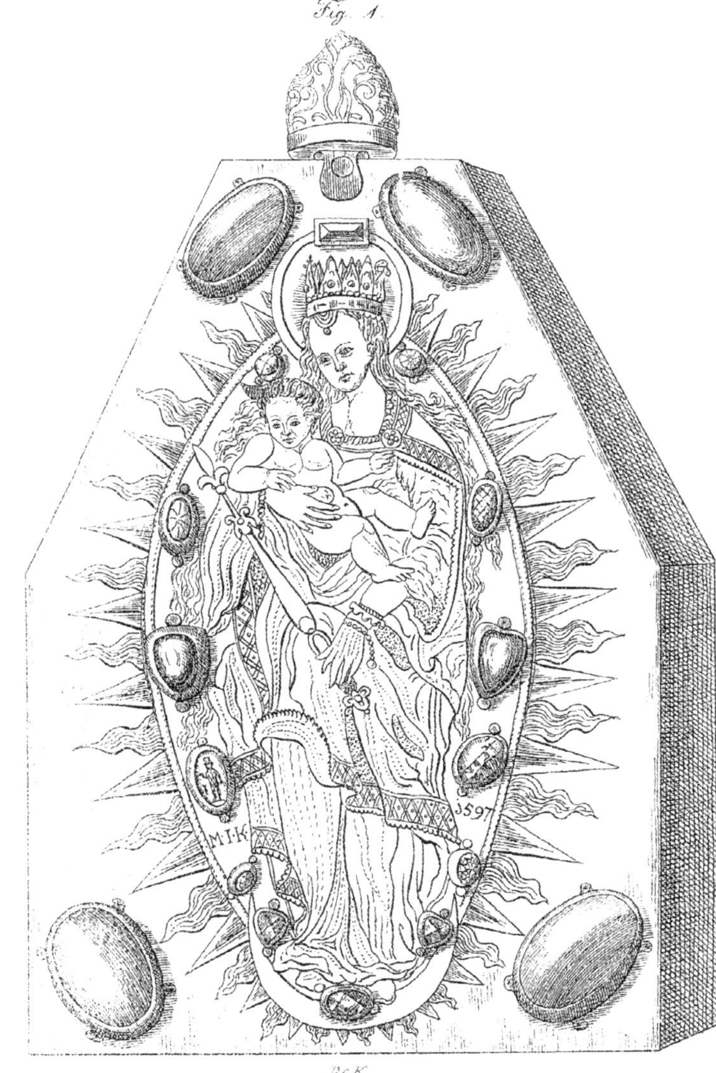

Fig. 2.

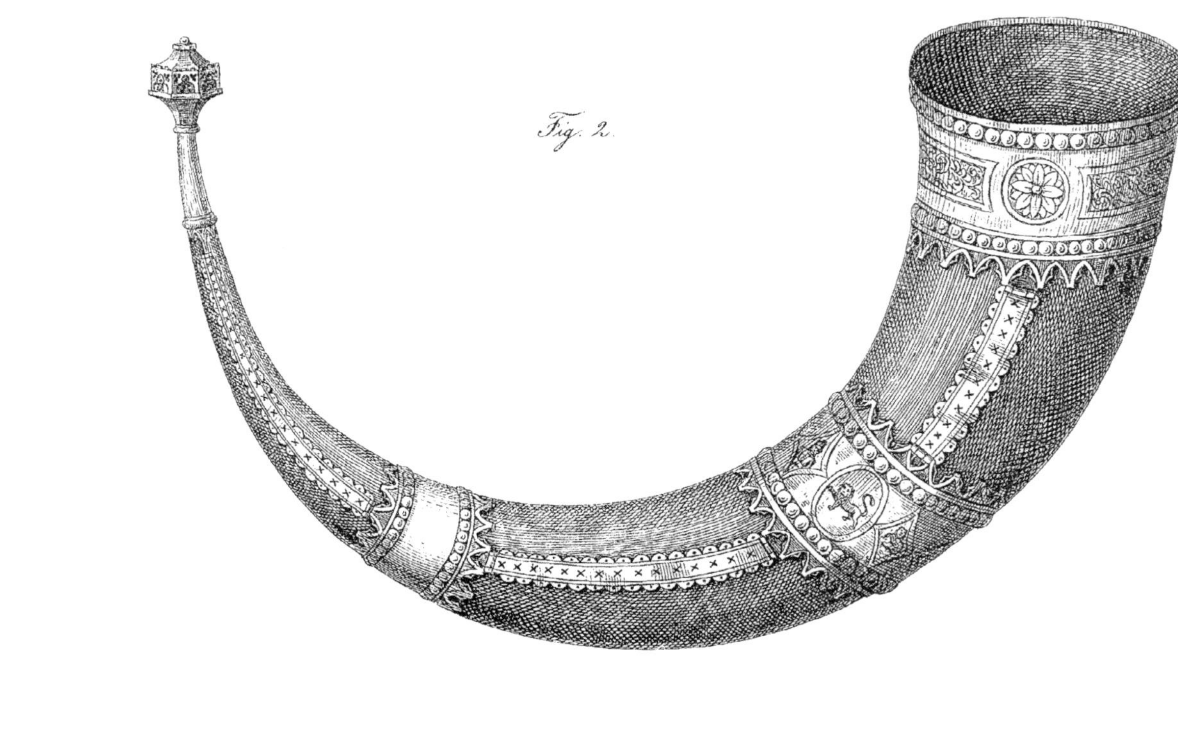

Fig. 3.

lith. Anstalt v. A. Cox in Hildesheim

gez. u. lithor. H. Lüders

Fig. 1.

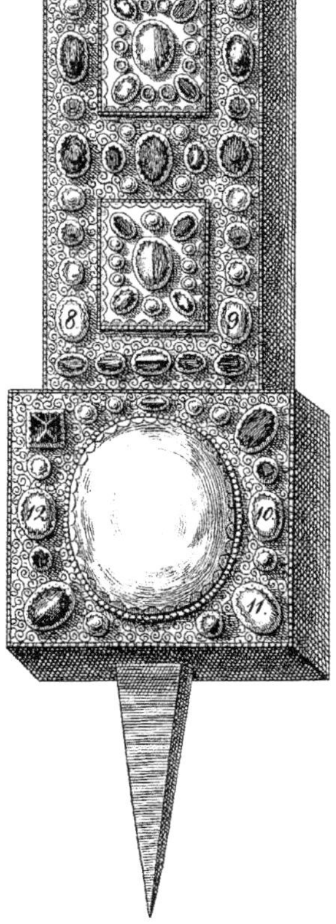

1. 2. 3. 4. 5. 6. 7. 8. 9. 10. 11. 12.

LIG NU DN̄I DV̄

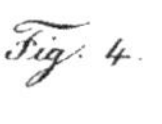

Fig. 4.

Hunc ego Bernuuarduſ codicē conſcribere feci.
Atq· meaſ ut cerniſ opeſ ſuper addere iubenſ
Dilecto dnī· dederam ſcō Michaheli
Sit anathema dī quiſq̄ſ ſibi dempſerit illum.

Fig. 2.

Fig. 3.

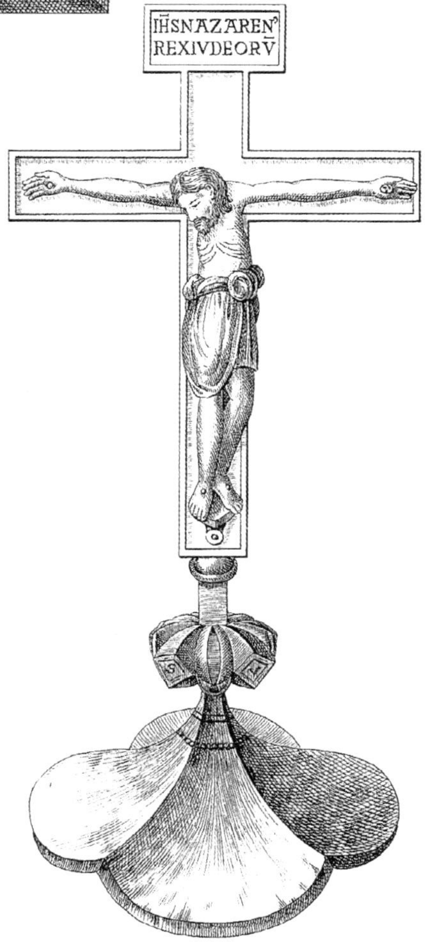

IHS NAZAREN
REX IVDEORV̄

Fig. 3. a

gez. u. lith. v. H. Lüders.

Dr K.

lithr. Institut v. A. Lex.

Fig. 1.

Fig. 1.a

Fig. 2.

gez. u. lith. v. A. Lüders.

lith. Institut v. A. Lax.

II. Theil. Taf. 6. Pl. K. 2.

Dr. K.

B.

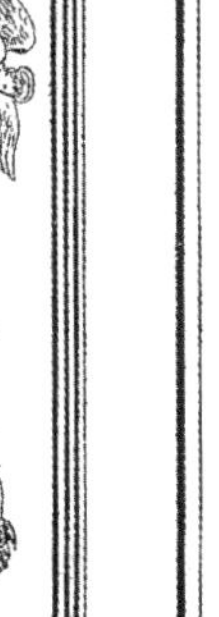

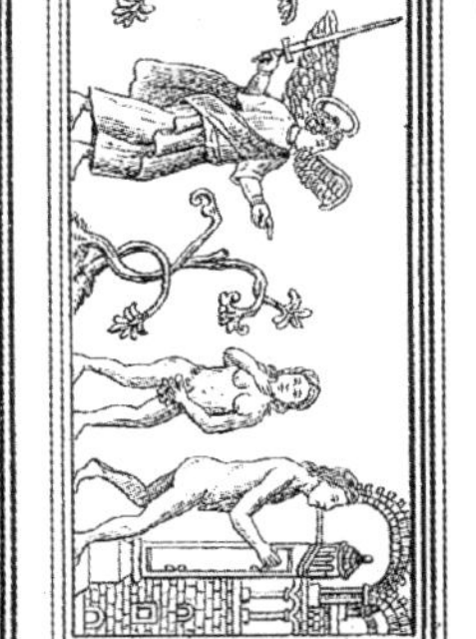

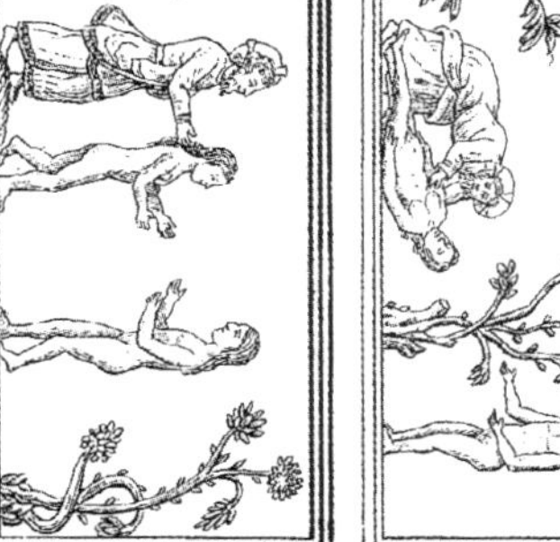

A.

Lith. Institut v. A. Lax in Hildesheim.

H. Lüders lith.

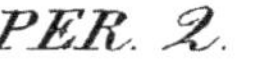

Fig. 1. A.

Fig. 2.

Fig. 1. B.

Gez. u. lith. v. H. Lüders.

lith. Institut v. A. Lax in Hildesheim.

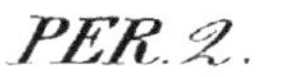

Fig. 1.

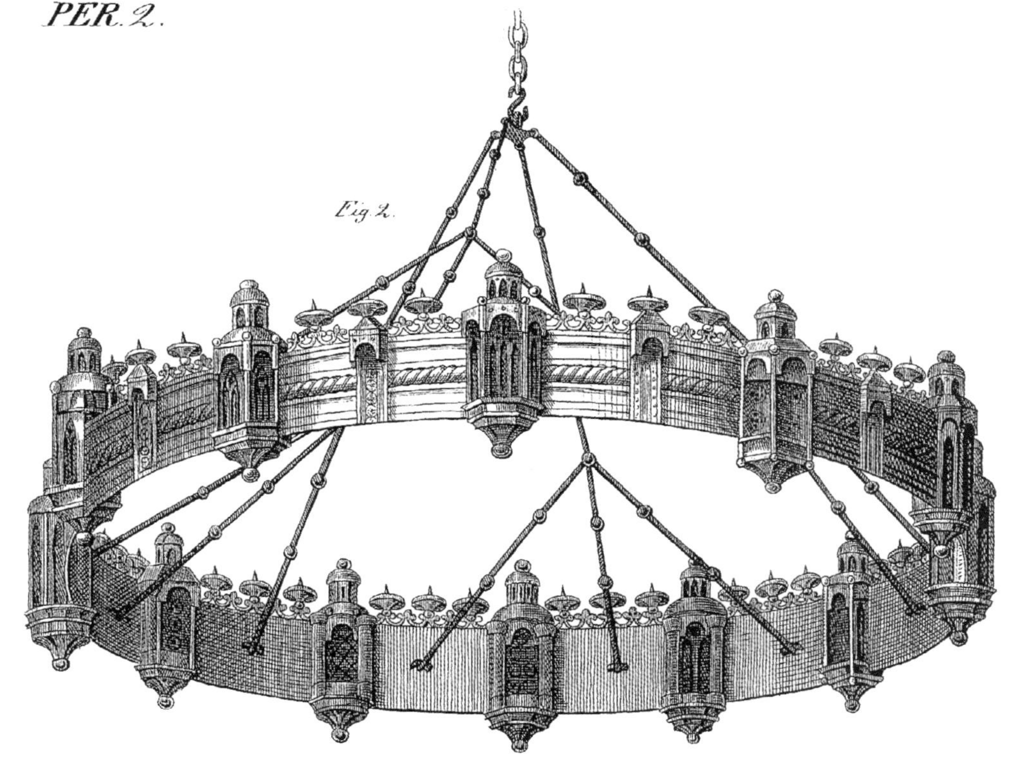

Fig. 2.

Fig. 3.

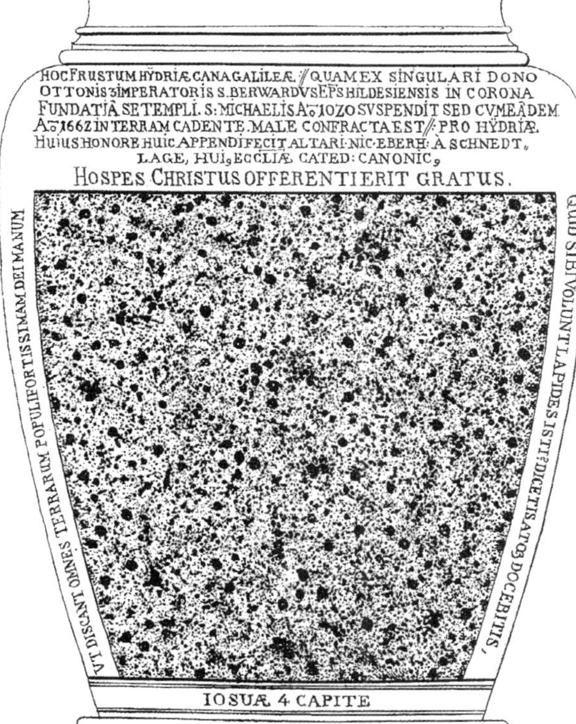

HOC FRUSTUM HYDRIÆ CANA GALILEÆ // QUAM EX SINGULARI DONO
OTTONIS 3 IMPERATORIS S. BERWARDUS EPS HILDESIENSIS IN CORONA
FUNDATIÃ SE TEMPLI. S: MICHAELIS Ao 1020 SUSPENDIT SED CUM EÂDEM
Ao 1662 IN TERRAM CADENTE. MALE CONFRACTA EST // PRO HYDRIÆ
HUIUS HONORE HUIC APPENDI FECIT ALTARI NIC. EBERH: À SCHNEDT,
LAGE, HUI9 ECCLIÆ CATED: CANONIC9
HOSPES CHRISTUS OFFERENTI ERIT GRATUS.
VT DISCANT OMNES TERRARUM POPULI FORTISSIMAM DEI MANUM
QUID SIBI VOLUNT LAPIDES ISTI DICETIS ATQ DOCEBITIS.
IOSUÆ 4 CAPITE

Fig. 4.

Gez. u. lith. v. H. Lüders.

lith. Institut v. A. Lax in Hildesheim.

Fig. 1.

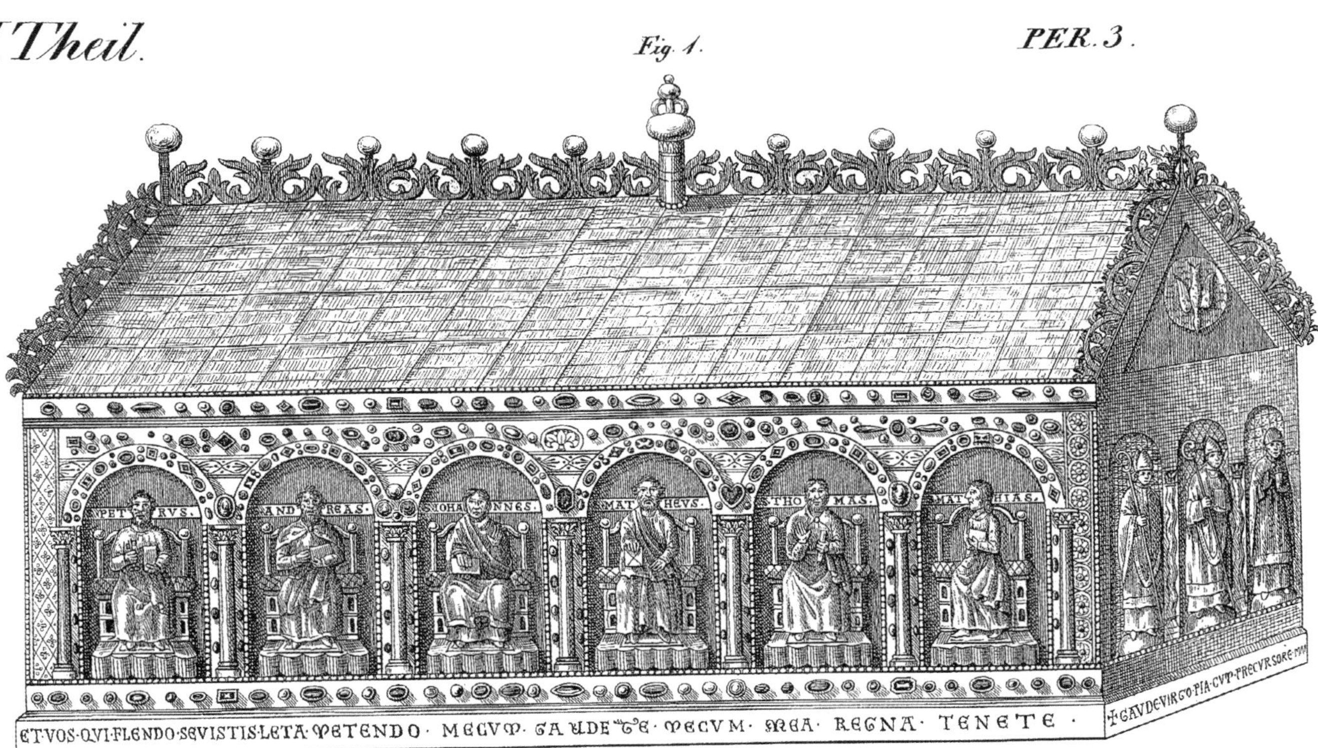

Fig. 2.

Fig. 4.

Fig. 3.

Fig. 5.

Gez. u. lith. v. H. Lüders.

lith. Inst. v. A. Lax.

II. Theil.

PER. 3.

Taf. 10.

Fig. 1.

PROS NOBK

Fig. 2.a

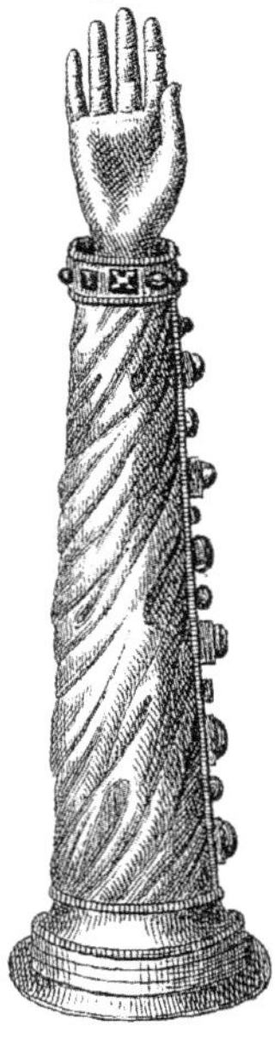

Fig. 2.b

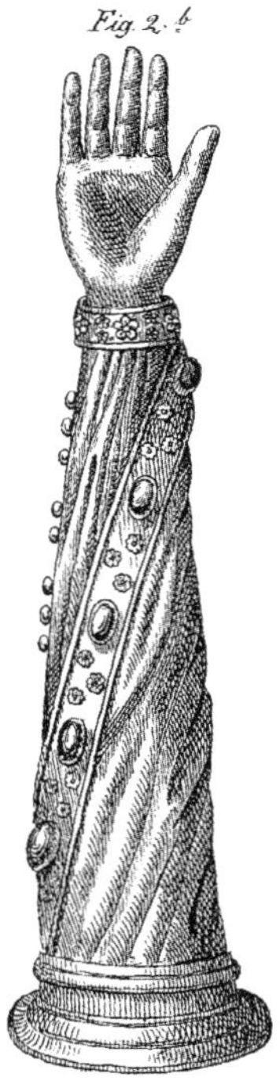

Fig. 3.

Fig. 4.

INRI

Fig. 5.

Fig. 6.

Gez. u. lith. v. H. Lüders.

lith. Institut v. A. Lax in Hildesheim.

Fig. 1.

Fig. 2.

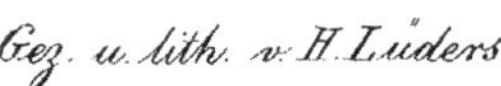

Gez. u. lith. v. H. Lüders.

Fig. 4.

Fig. 3.

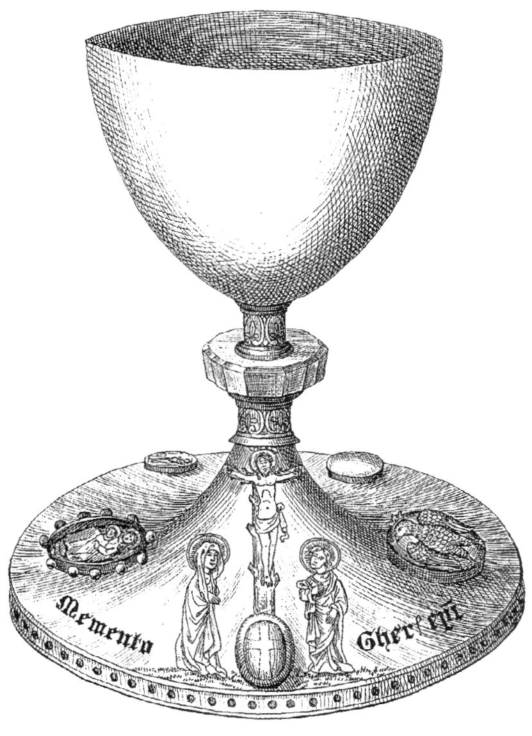

Fig. 5. gehört zu PER. 4.

lith. Institut v. A. Lax in Hildesheim.

Fig. 1.

III. Theil.
№ 1.

Erstes Convents-Siegel des von St. Bernward gestifteten Benedictiner-Klosters zum h. Michael hieselbst; gesehen an einer Urkunde vom Jahre 1240.

Fig. 2.

Fig. 3.

Abbild des Kapitäls, welches auf der gegenwärtig auf dem großen Domhofe stehenden Christus-Säule ruhete; im Jahre 1650 wurde es von einigen hiesigen Bürgern zerschlagen und das Metall zum Glockengießen verbraucht.

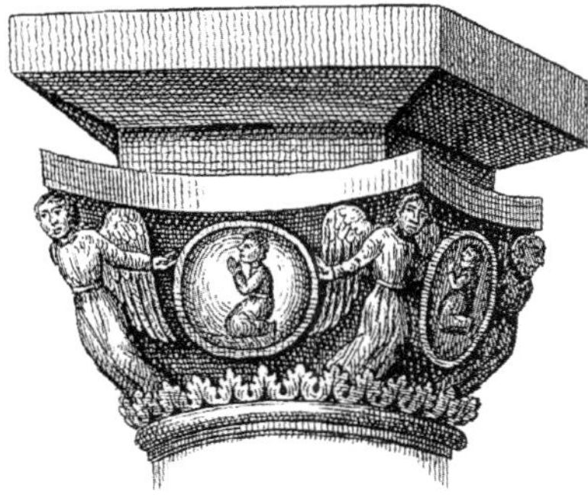

III. Theil.
№ 2.

Siegelbild von der hiesigen Goldschmiede-Innung; das Petschaft ist im Jahre 1576 gefertigt.

III. Theil
№ 3.

Zweites Convents-Siegel des St. Michaelis-Klosters; entstanden 1672; gesehen an einem Documente vom Jahre 1689.

gez. u. lith. v. H. Lüders.

lith. Institut v. A. Lax in Hildesheim.

Fig. 1. a

Kopfende.

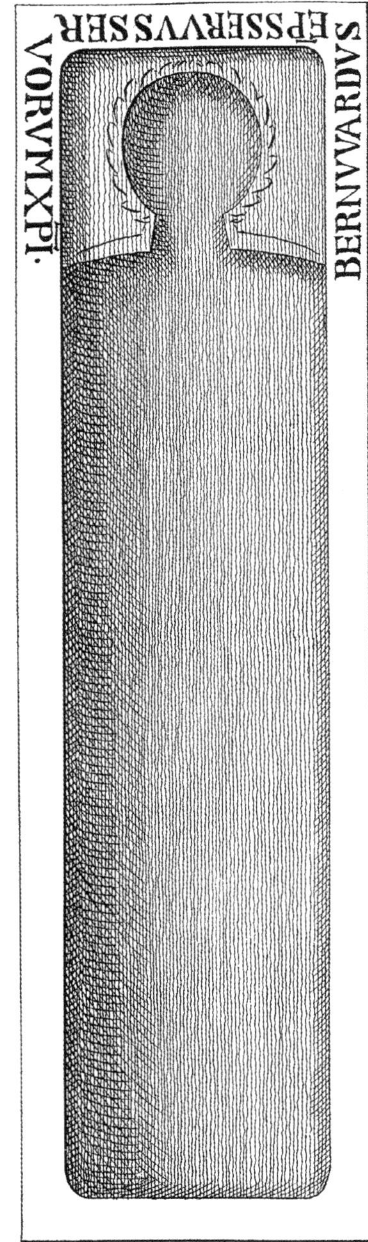

Untertheil von Bernward's steinernem Sarkophage in der Gruft zu St. Michael.

Fig. 1. b

Obertheil desselben — oder der sogenannte Sargdeckel.

Fig. 1.

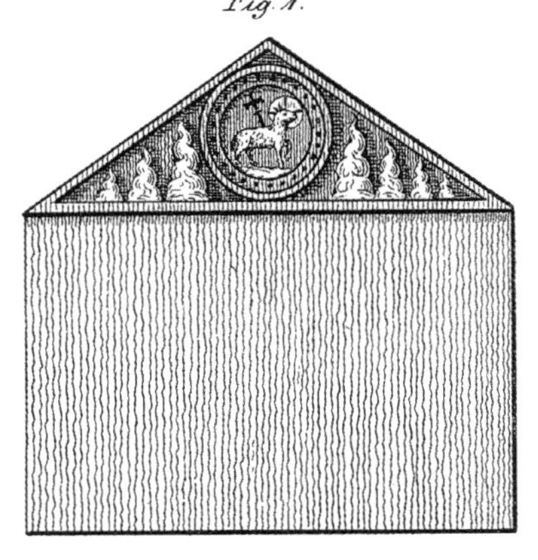

Kopfende.

Fig. 1.

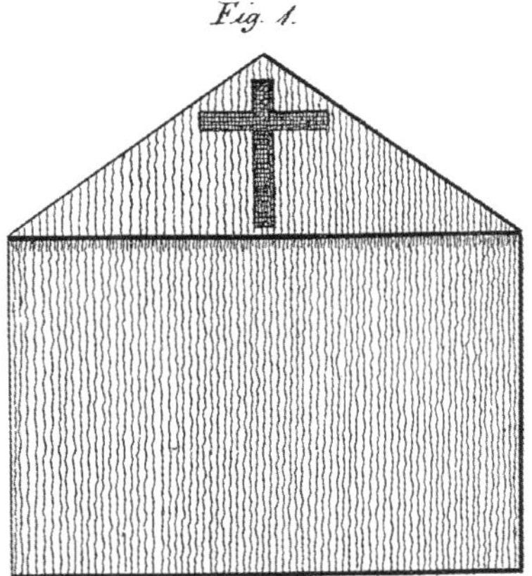

Fußende.

Fig. 2.

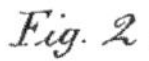

Collegiat-Stifts-Siegel des Capitels St. Mauritii vor Hildesheim, gefunden an einer Urkunde desselben Stiftes vom Jahre 1297.

gez. u. lith. v. H. Lüders.

lith. Institut v. A. Lax in Hildesheim.

Die vordere Einband-Decke eines Evangelien-Codex von St. Bernward.

Die hintere Einband-Decke eines Evangelien-Codex von St. Bernward.

Brustkreuz des Weihbischofs Adamus Adami.

IHS — Avers

MRA — Revers.

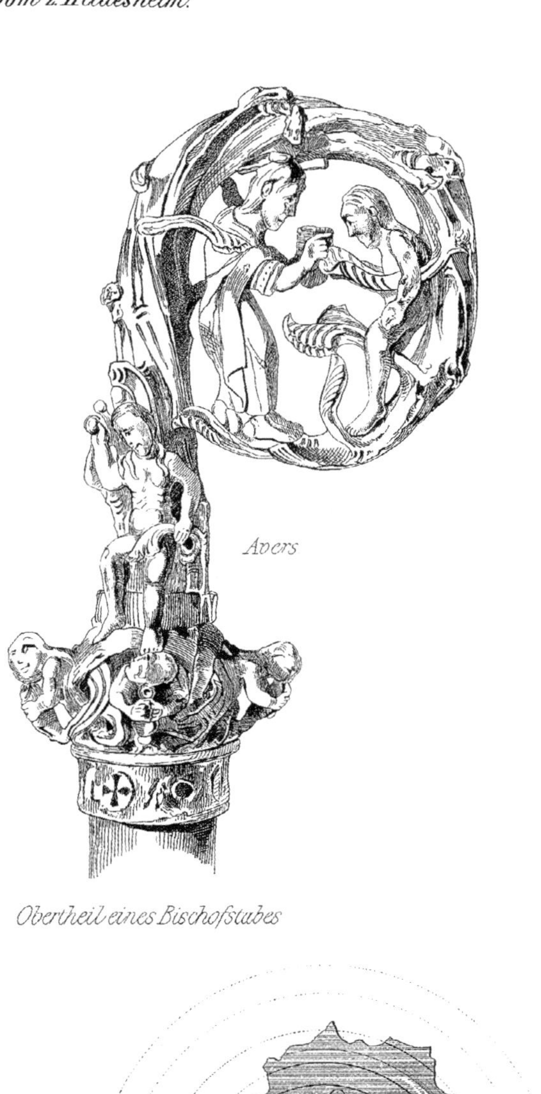

Avers

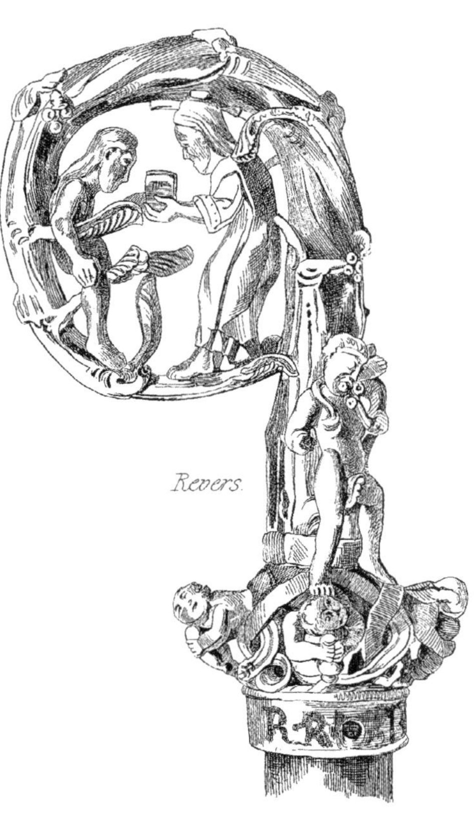

Revers.

Obertheil eines Bischofstabes von St. Bernward gearbeitet.

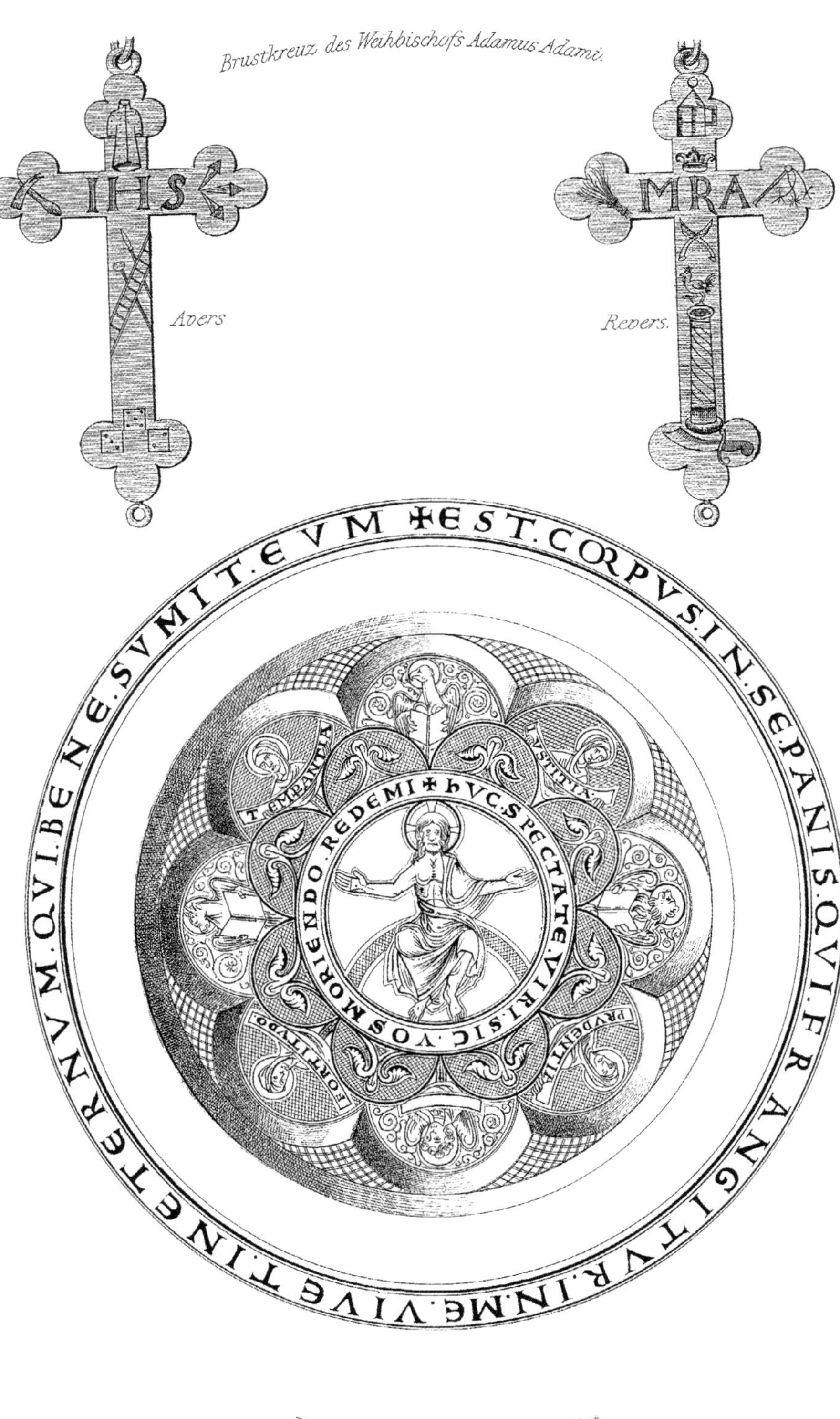

Patene, von St. Bernward gearbeitet, in der Reliquien Kammer zu Hannover.

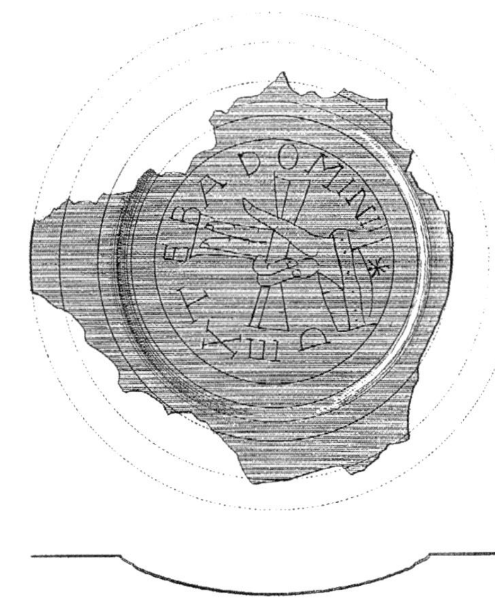

Patene zu Udos Kelche

Grabkelch des Bischofs Udo.

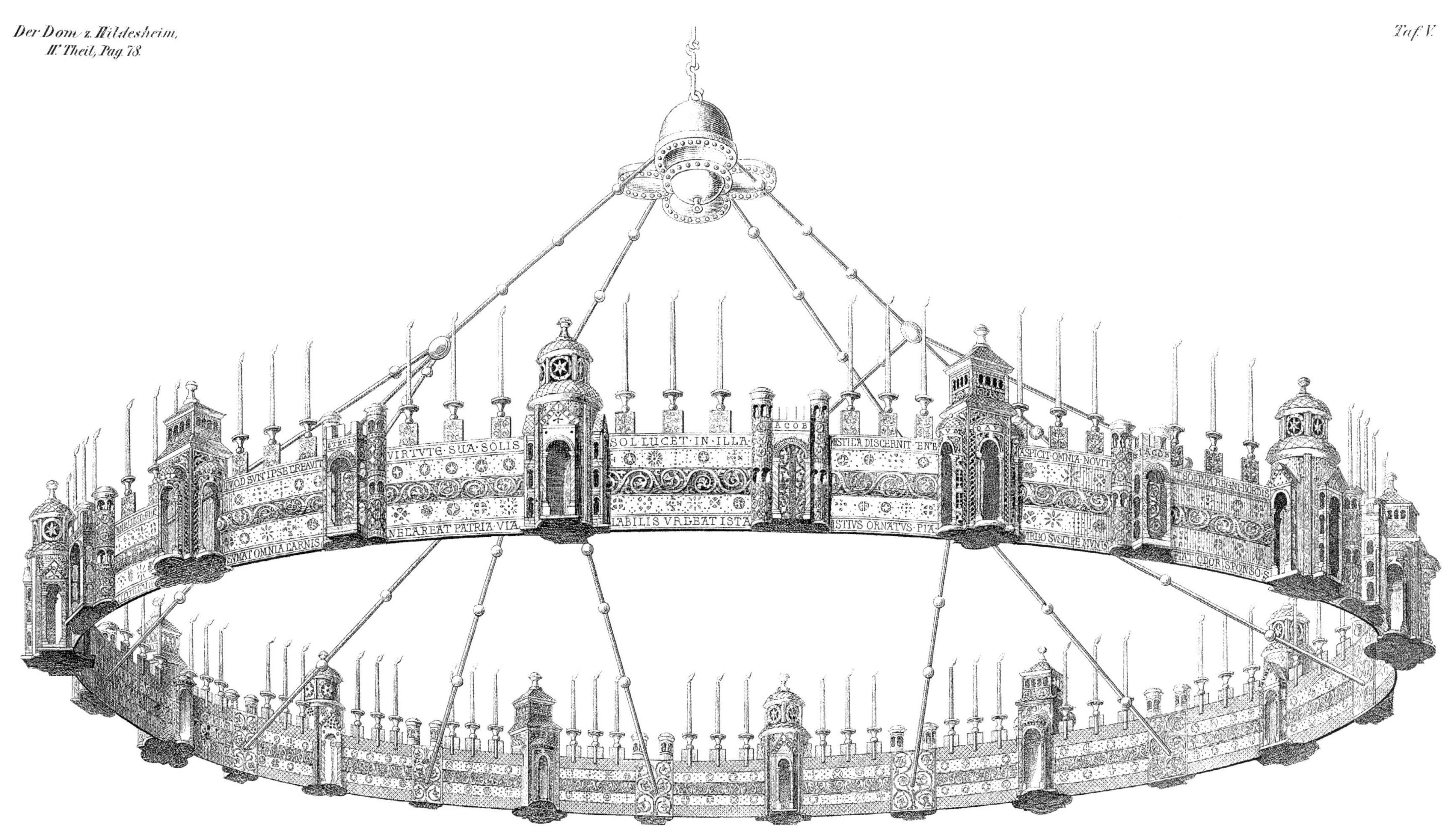

Der Kronleuchter im Mittelschiffe des Doms.

Gerstenberg'sche Steindr. Hildesheim.

G. Wolff lith.

Die Detail-Zeichnungen des Kronleuchters
im
Mittelschiffe des Doms.

Der Kronleuchter im Chore des Doms

mit Detail-Zeichnungen.

N° 1 Avers.

N° 1 Revers.

N° 2 Avers.

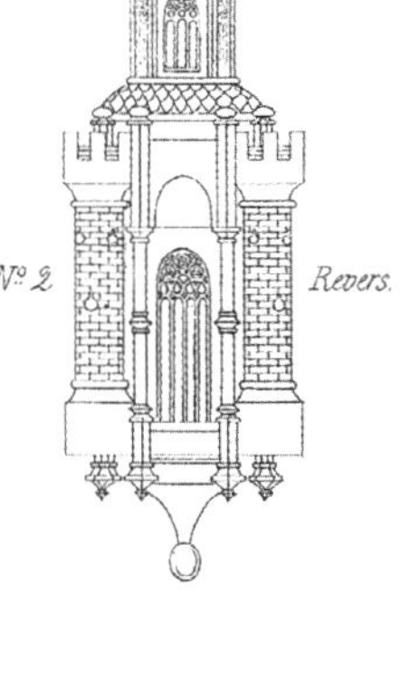
N° 2 Revers.

N° 3 Avers.

N° 3 Revers.

Antoine Verbeke del. IX

Lith. Anst. d. Gebr. Gerstenberg, Hildesheim.